まちごとアジア

Iran 006 Pasargadae

パサルガダエ

「切妻」とペルシャ幕開け譚

پاسارگاد

Asia City Guide Production

【白地図】イラン

ASIA
イラン

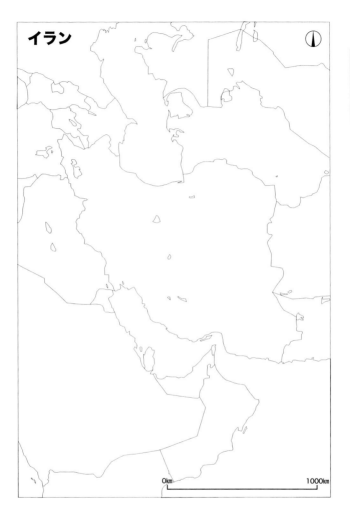

【白地図】イラン中心部

ASIA
イラン

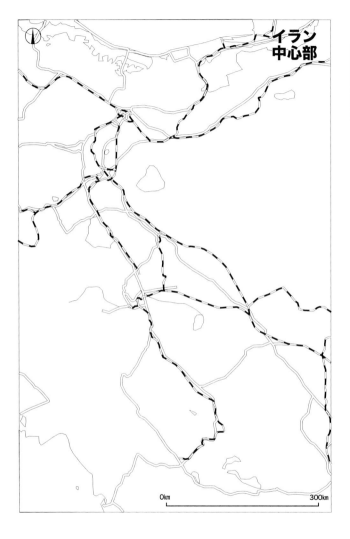

【白地図】シーラーズ〜パサルガダエ

ASIA
イラン

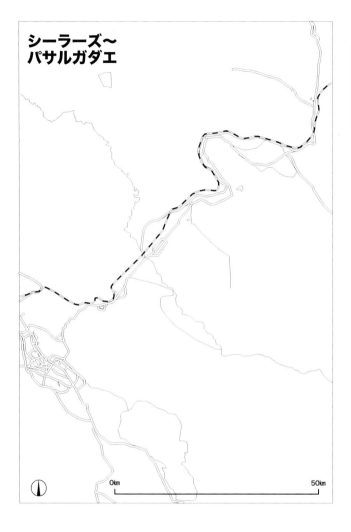

【白地図】パサルガダエ

ASIA
イラン

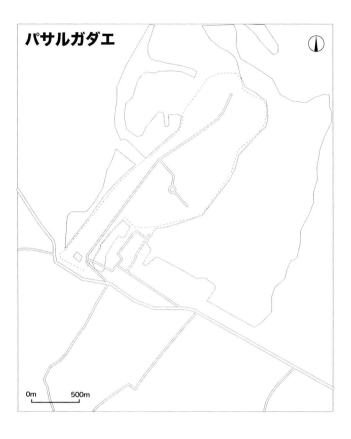

【白地図】キュロス王の宮殿跡

ASIA
イラン

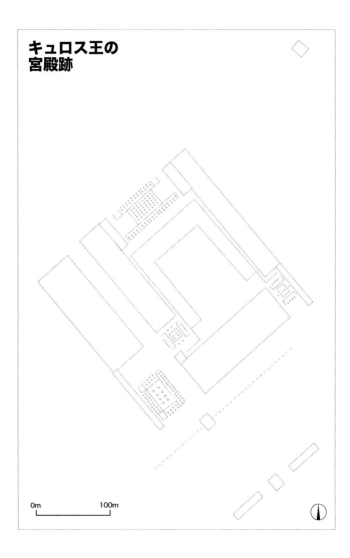

キュロス王の宮殿跡

Pasargadae 白地図

【白地図】ナグシェロスタム近郊図

ASIA
イラン

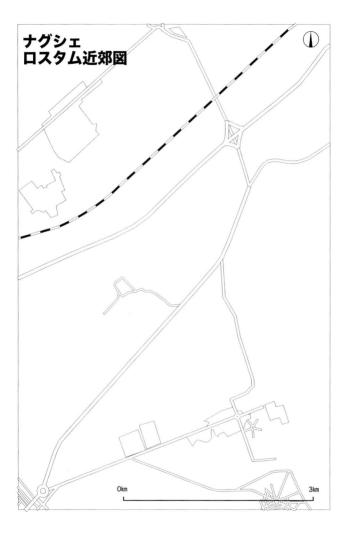

【白地図】ナグシェロスタム

ASIA
イラン

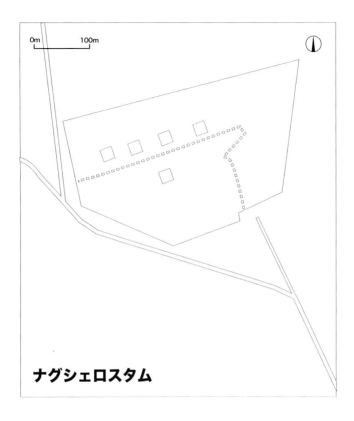

ナグシェロスタム

【まちごとアジア】
イラン001 はじめてのイラン
イラン002 テヘラン
イラン003 イスファハン
イラン004 シーラーズ
イラン005 ペルセポリス
イラン006 パサルガダエ（ナグシェ・ロスタム）
イラン007 ヤズド
イラン008 チョガ・ザンビル（アフヴァーズ）
イラン009 タブリーズ
イラン010 アルダビール

　ペルセポリスの北東70kmに位置するパサルガダエ。パサルガダエとは「ペルシャ人の本営」を意味し、古来、ペルシャ揺籃の地として特別視されてきた。南ロシアのステップ地帯にいたアーリア人は、南下して紀元前1000年ごろからファールス地方に住み着き、ここで早くから農耕を行なっていた。

　そのなかの有力部族の長キュロスは、紀元前6世紀に宗主国メディアを打倒してアケメネス朝を樹立、ここにペルシャ帝国がはじまった。キュロス王は彼らの本拠にパサルガダエ

پاسارگاد
パサルガダエ
Pasargadae

を造営して都としたため、以後、この地はペルシャ人にとっての精神的故郷となった。

帝国の広がりとともに、スーサやペルセポリスなどの都が造営されたあとも、パサルガダエの地位はさがることなく、歴代王の即位式はこの場所で行なわれ続けた。2500年を誇るペルシャの伝統は、パサルガダエからはじまったとも言え、現在、ユネスコ世界遺産に登録されている。

【まちごとアジア】

イラン 006 パサルガダエ

目次

パサルガダエ……………………………………………xvi

2500年のはじまり……………………………………xxiv

パサルガダエ鑑賞案内 …………………………………xxxiii

ナグシェロスタム ………………………………………xlviii

ナグシェロスタム鑑賞案内 ……………………………liii

【MEMO】

【地図】イラン

【地図】イラン中心部

ASIA
イラン

2500年の
はじまり

ASIA イラン

シュメール、アッカド、アッシリア
メソポタミア文明を受け継いで
新たな支配者が生まれた、その名ペルシャ

キュロス王伝説

ペルシャ人がファールス地方で暮らしていたとき、メディア王国（ペルシャ人と同じ、アーリア人による国で現在のハマダンを都とした）がオリエントの大部分を支配していた。このメディア王国の王にはマンダネという娘がいて、あるとき王は「マンダネが放尿すると、全アジアが洪水に襲われる」という夢を見た。占い師に助言を求めた王は娘をマンダネを辺境にある属国の領主カンビュセス（キュロス王の父）に嫁がせることにした。しばらくすると王は「マンダネの陰部からブドウが生え、その樹がアジア全土をおおう」夢を見た。

Pasargadae ２５００年のはじまり

　この伝説からは、マンダネの子キュロスが台頭して、オリエントの主となることが示唆されていて、のちにアケメネス朝ペルシャが樹立された。

▲左　ペルシャ最初期の宮殿跡。　▲右　遺跡の修復は大きな課題となっている

新たな王の誕生

長らくファールス地方で力を蓄えていたペルシャ人部族の長キュロスは、紀元前550年、宗主国のメディアに戦いを挑んで首都エクバタナ（今のハマダン）を陥落させた。そのときおびただしい財宝が運ばれ、それまで辺境に過ぎなかったファールス地方に新たな王権が生まれることになった。その後、キュロス王に率いられたペルシャ軍は、メディアの同盟国だったリュディアを倒し、混乱のなかバビロン無欠入城を果たした（アケメネス朝樹立）。オリエント世界はペルシャのもとに統一され、キュロス王は「諸王の王」を名乗ることになった。

【MEMO】

ASIA
イラン

キュロス王の墓へ詣でたアレクサンダー

ギリシャのアレクサンダーは、さまざまな民族からなる帝国の礎を築いたキュロス王に敬意を抱き、東方遠征のさなか、二度、キュロス王の墓を訪れている。キュロス王の墓には多くの財宝があると考えられていたが、実際、盗掘にあったためかみすぼらしく、嘆き哀しんだアレクサンダーは自らの衣を脱いで棺にかぶせ、黄金の冠を捧げたという。

▲左　パサルガダエから続くイランの伝統、写真はペルセポリス。　▲右　ペルシャ語で書かれた解説、乾いた大地に遺構が点在する

ペルシャと、イランと

日本でも親しまれているペルシャという国名は、ファールス地方に暮らす人々へのギリシャ側からの呼称で、この国の正式名称はイラン（アーリア人の国）という。ペルシャという言葉は長らく使用されてきたが、1935年、パフラヴィー朝のレザー・シャーが諸外国に対して、「イラン」という呼称に改めるように求めて以来、現在の国名が一般的に使用されている。

【地図】シーラーズ〜パサルガダエ

【地図】シーラーズ〜パサルガダエの [★★★]
- [ ] パサルガダエ Pasargadae
- [ ] ナグシェ・ロスタム Naghsh-e Rostam

シーラーズ〜
パサルガダエ

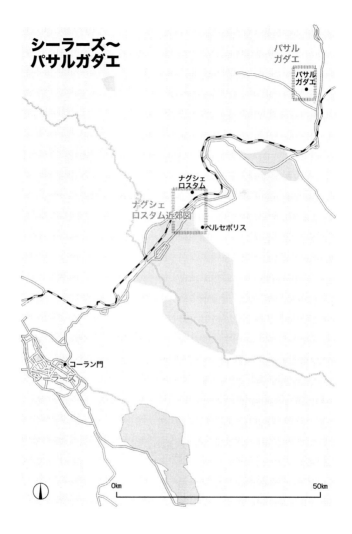

Guide, Pasargadae
パサルガダエ
鑑賞案内

乾いたファールス地方の気候
古代ペルシャはこの地から興り
やがてオリエントの支配者となった

点在する遺跡群

ペルセポリスからポルワール川にそってさかのぼったところにひらけたムルガーブ平野（水鳥の平野）。その南の丘の囲まれたところにキュロス王の墓、宮殿、拝火壇などパサルガダエの遺跡群が点在している。パサルガダエは後にペルセポリスへとつながっていく前段階にあり、アッシリアの彫刻やイオニアの石柱といったアケメネス朝以前にあった文化の影響が見られる。パサルガダエ遺跡として世界遺産に登録されているほか，ペルシャ庭園（9つのうちのひとつ）としても世界遺産に登録されている。

【地図】パサルガダエ

【地図】パサルガダエの ［★★★］
☐ キュロス王の墓 Tomb of Cyrus

【地図】パサルガダエの ［★★☆］
☐ キュロス王の宮殿跡 Palaces of Cyrus

【地図】パサルガダエの ［★☆☆］
☐ ソロモンの牢獄（ゼンダーネ・ソライマーン）Prison of Solomon

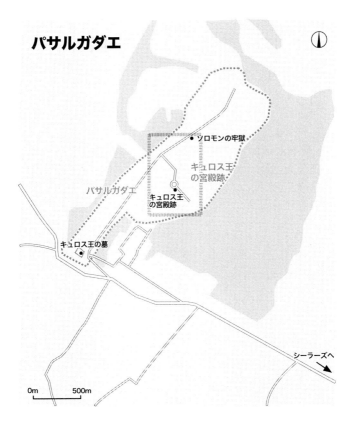

【地図】キュロス王の宮殿跡の ［★★☆］
- [ ] キュロス王の宮殿跡 Palaces of Cyrus

【地図】キュロス王の宮殿跡の ［★☆☆］
- [ ] キュロス王の庭園跡 Garden of Cyrus
- [ ] ソロモンの牢獄（ゼンダーネ・ソライマーン）Prison of Solomon

キュロス王の
宮殿跡

『世界の大遺跡 4 メソポタミアとペルシア』
(増田精一／講談社) 掲載図をもとに作成

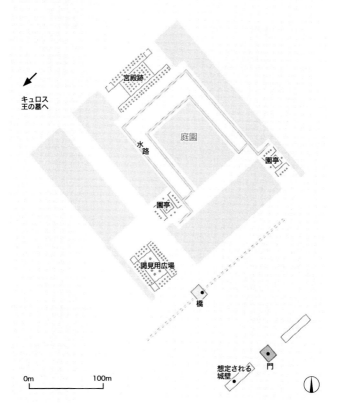

ASIA
イラン

キュロス王の墓 Tomb of Cyrus ［★★★］

印象的な切妻式の屋根をもつキュロス王の墓。ピラミッド状の六層の基壇のうえに本体が載る形式は、メソポタミア文明の神殿ジッグラトなどの影響が見られる（高さ 6m）。アケメネス朝を樹立したキュロス王は、帝国内の諸民族に大幅な自治と信仰の自由を認める寛大な政策をとり、以後のペルシャ帝国繁栄の礎を築いた。王死後も祭司が墓守をつとめ、アケメネス朝時代を通じて毎日、羊が生贄として墓前に捧げられていたという。パサルガダエの他の建築が廃墟となっているなか、この墓の耐久性は特筆され、際立った存在感を見せて

▲左　パサルガダエはペルセポリスとならんで世界遺産に指定されている。
▲右　規模は小さいが存在感ある墓廟、キュロス王が眠る

いる。一時、キュロス王の墓がモスクに改造されたこともあったが、今はもとに戻されている。

キュロス王の宮殿跡 Palaces of Cyrus ［★★☆］

廃墟となったキュロス王の宮殿跡。もともと三棟あった宮殿はそれぞれ石造りの壁で囲まれており、縦70m横40mある謁見の間（神殿）は政治、宗教の中心的存在となっていた。ペルシャ最初期の建築であることから、アッシリア、バビロニア、エジプトなどの古代文明の影響を強く受けていて、そこからペルシャ独自の様式へ移行する過渡期にあると見られている。キュロス

ASIA
イラン

王は小アジアに遠征したときに、イオニア職人をパサルガダエまで連れてきたため、ギリシャ建築の影響も指摘されている。

キュロス王の碑文

キュロス王の宮殿跡の南側入口は、2頭の有翼獣に守られていて、方形の柱にはキュロス王の碑文が残っている。そこには「我はキュロス、アケメネスの王である」とあり、古代ペルシャ語、エラム語、バビロニア語の3種類の言語で刻まれていて、アケメネス朝がさまざまな民族を統治する帝国だったことがうかがえる。

パサルガダエ鑑賞案内 Pasargadae

キュロス王の庭園跡 Garden of Cyrus　[★☆☆]

キュロス王の庭園は縦 300m、横 250m の規模をもち、その周囲に謁見宮殿、迎賓宮殿が配されていた。かつてポルヴァール川からパサルガダエまで水路がひかれ、この庭園を潤していた。長さ 1100m の切石積みによる水路のわきには人々が暮らした形跡も確認されていて、紀元前 6 世紀のファールス地方は、今よりも湿潤で緑が多かったと考えられている。イランでもっとも古い庭園だとされ、世界遺産に指定された 9 つのペルシャ庭園のひとつとなっている。

ASIA
イラン

拝火壇 Fire Temple [★★☆]

高さ 2m を超す一対の拝火壇。北側の立方体が聖なる炎を燃やす祭壇で、8 段の階段が見られる南側にペルシャ王がのぼって礼拝したと考えられている。古代ペルシャでは火への信仰が見られたが、パサルガダエの拝火壇がゾロアスター教成立以後のものかはわかっていない。

ソロモンの母の玉座（大石壇）
Throne of The Mother of Solomon [★☆☆]

突き出した岩のうえに直方体の切石で組まれたソロモンの母

▲左　ソロモンの牢獄（ゼンダーネ・ソライマーン）。　▲右　宮殿は石で組みあげられていた

の玉座（大石壇）。かつては宮殿が建っていたが今は残っておらず、基壇だけとなっている。ソロモンの母の玉座の切石は、パサルガダエ南西の石切場で切り出され、川で運ばれてきた。石の積みかたにヒッタイトの技術が見られるという。

ソロモンの牢獄（ゼンダーネ・ソライマーン）
Prison of Solomon [★☆☆]

ソロモン王の牢獄は壁面だけが残る特徴的な遺構で、かつては四方に壁があり、内部へいたる階段が備えられていたという。当時のかたちは、ナグシュ・ロスタムに残るゾロアスター

ASIA
イラン

のカーバ(カーバ・エ・ザルドゥシュト)から推測することができるが、その用途が拝火壇であったか、聖典の保存庫であったかなどで意見がわかれる。

アーリア人と拝火

南ロシアのステップ地帯で遊牧生活を送るアーリア人は、天や水、風、大地といった森羅万象を神と見なし、とくに神を象徴するものとして火が信仰されていた。紀元前2000年ごろに南下したアーリア人の一派はイラン高原に、別の一派はインド亜大陸へ向かい、彼らはそこで定住した。地域に応じ

▲左　ペルシャ王へ貢納する人々、写真はペルセポリス。　▲右　ペルシャンブルーの空のもと天高くそびえる柱

てゾロアスター教、バラモン教（のちのヒンドゥー教）が体系化されていったが、根源を同一にするため両宗教には神の名前や神話に共通点が確認できる。ゾロアスター教は、アーリア人の多神教を一神教に改革したものだと言われ、古代ペルシャ人の信仰を受けるようになった（たとえばイランではアフラ・アスラ神は善神だが、インドでは阿修羅は悪神となっている）。

パサルガダエ鑑賞案内

【MEMO】

【MEMO】

【ナグシェ・ロスタム】

アケメネス朝王墓 King Grave
ゾロアスターのカーバ（カーバ・エ・ザルドゥシュト）Kaba Zartosht
ササン朝時代の浮彫と銘文 Reliefs
王権神授図 Reliefs
騎馬戦勝図 Reliefs
ナグシェ・バハラム Naghsh-e Bahram
ナグシェ・ラジャブ Naghsh-e Rajab

ASIA
イラン

ペルセポリスから北西に 6km に位置するナグシェ・ロスタムには、アケメネス朝のダレイオス1世と、それに続く計4人の王が眠っている。王墓は高さ 60m を超すフサイン・クー（フサイン山）の断崖中腹に刻まれていて、十字型の壮大な前面の意匠をもつ奥に墓は安置されている。

ナグシェ・ロスタムの低部には、アケメネス朝以前のエラム（イラン南西部にあった古王国）時代の浮彫が見られ、古い時代からこの断崖が神聖な場所だったことが推測される。霊性をもった断崖にペルシャ王墓の造営を試みたダレイオス

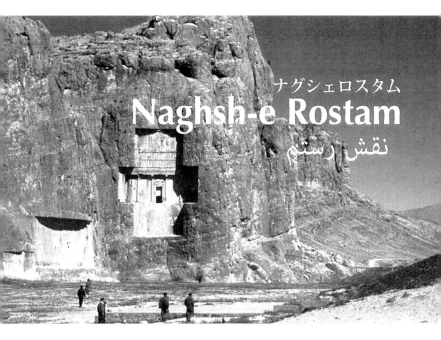

Naghsh-e Rostam
ナグシェロスタム
نقش رستم

1世、時代はくだって栄光のペルシャ帝国復活を旗印にして成立したササン朝もまたこの断崖に銘文を刻み、浮彫を残している。

　イランの人々は、ペルセポリスを「タフテ・ジャムシード(ジャムシードの玉座)」と呼んだように、国民的叙事詩『王書』の英雄ロスタムになぞらえて、この断崖を「ナグシェ・ロスタム(ロスタムの絵)」と名づけた。この王墓群はポルワール川をはさんで、ちょうど古代ペルシャの宮殿ペルセポリスに対置している。

【地図】ナグシェロスタム近郊図

【地図】ナグシェロスタム近郊図の ［★★★］
□　ナグシェ・ロスタム Naghsh-e Rostam

【地図】ナグシェロスタム近郊図の ［★☆☆］
□　ナグシェ・ラジャブ Naghsh-e Rajab

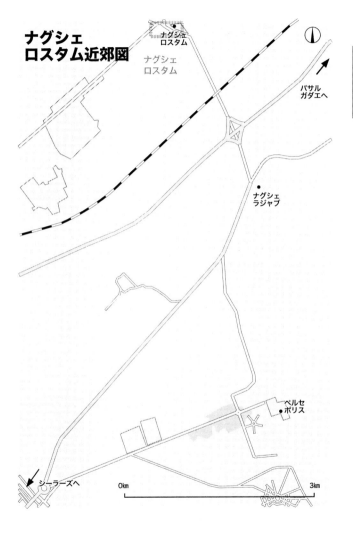

【MEMO】

**Guide,
Naghsh-e Rostam**

ナグシェロスタム鑑賞案内

アケメネス朝が成立する以前から
畏怖の対象とされてきた急峻な断崖
古代ペルシャの王、ここに眠る

アケメネス朝王墓 King Grave ［★★★］

ダレイオス1世は、アケメネス朝が成立する以前から畏怖の対象と見られていた断崖に自らの王墓の造営を試みた。高さ65mの摩崖の中腹にアケメネス朝の歴代4人の王墓が刻まれており、崖に向かって左からダレイオス2世、アルタクセルクセス1世、ダレイオス1世、クセルクセスの王墓となっている。前面の十字形の意匠はギリシャ様式（帝国内にはギリシャ人も暮らしていた）で、はじめにつくられたダレイオス1世のものを踏襲して続く王の墓も彫られた。王の遺体は聖油づけにされ、宝物とともに埋葬されていたという。

【地図】ナグシェロスタム

【地図】ナグシェロスタムの [★★★]
- [ ] アケメネス朝王墓 King Grave

【地図】ナグシェロスタムの [★★☆]
- [ ] ゾロアスターのカーバ（カーバ・エ・ザルドゥシュト）Kaba Zartosht

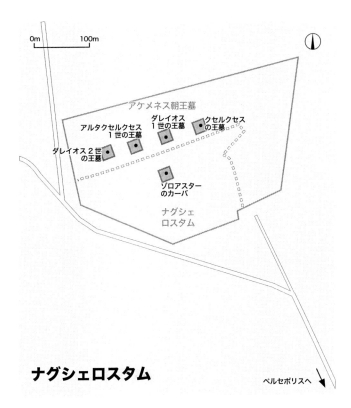

ナグシェロスタム

ASIA
イラン

ゾロアスター教の祭祀

ナグシェ・ロスタムでは、断崖に向かってゾロアスター教の祭祀が行なわれていたと伝えられる。そこには神アフラ・マズダと世界を統治するペルシャ王を結びつける意図があり、王は神格化されるようになった。

断崖に墓を刻む

アケメネス朝の歴代王墓は、ナグシェ・ロスタムの断崖中腹にあり、地上から数十mの高さに王墓群を彫ることは困難をきわめた。吊りあげ装置で墓を見ようとしたダレイオス1

▲左 ここにアケメネス朝の王たちが眠る。　▲右 急峻な断崖、古くから霊性が宿ると信じられていた

世の親が、転落死してしまったと伝えられている。

ゾロアスターのカーバ（カーバ・エ・ザルドゥシュト）
Kaba Zartosht［★★☆］

ダレイオス1世の墓の正面に立つ遺構ゾロアスターのカーバ。方形の独特のかたちをしていて、高さ12.6m、一辺7mの建物の四方には窓をもつ。四方拝火殿、ゾロアスター教の聖典写本を保管する場所、王の墓などの説があるものの、この建物のはっきりとした用途はわかっていない。パサルガダエにも同じ建物が残っているが、こちらのほうが保存状態がよい。

ASIA
イラン

ササン朝時代の浮彫と銘文 Reliefs［★☆☆］

ナグシェ・ロスタムの岩壁下部には、ササン朝ペルシャ時代（3〜7世紀）の浮彫と銘文が残っている。アケメネス朝の滅亡から500年後に樹立されたササン朝では、ペルシャ帝国の再興が掲げられ、古代ペルシャの王墓群の残るこの断崖に彼らの勝利や栄光の印を加えていった。『王権神授図』と『戦勝記念図』をはじめとした9つの浮彫、また壁面東側下部に見られるシャープール1世の偉業を伝える銘文（ギリシャ文字、パルティア文字、パフラヴィー文字）が刻まれている。

▲左　崖に浮かぶ十字形王墓、工事は困難をきわめたという。　▲右　崖に向かって立つゾロアスターのカーバ

Pasargadae｜ナグシェロスタム鑑賞案内

ペルシャ帝国の再興を

ペルシャの名前で呼ばれるイランは、アラブ人、トルコ人といった異民族の支配を受けることが多く、真にペルシャ的な王朝は長い歴史のなかで数えるほどしかないと言われる。現在のイランに結びつけて考えられるアケメネス朝は、アレクサンダーの遠征で滅び、その後、この地は騎馬民族を出自とするパルティア（紀元前3〜後3世紀）の支配を受けていた。このようななかササン朝は、栄光のペルシャ帝国の復活をその旗印としてファールス地方から勢力を広げていった。

▲左　アフラ・マズダによる王権神授の図。　▲右　ローマ帝国をひざまずかせたシャープール1世

王権神授図 Reliefs ［★☆☆］

アフラ・マズダがササン朝初代の王アルダシール1世に輪環を授ける様子が描かれた『王権神授図』。アフラ・マズダはゾロアスター教の神で、アケメネス朝に続いてササン朝でも国教とされた。かつてアケメネス朝の王はアフラ・マズダを刻むことによってペルシャ王を権威づけたが、同様にササン朝の王たちもその様子を浮彫にしていった。アケメネス朝時代のアフラ・マズダがフラワシの姿をしているのに対して、ササン朝のそれは人の姿をしており、この時代、太陽神ミトラ、女神アナヒタなどの古代ペルシャの神々が浮彫に加えら

【MEMO】

ASIA
イラン

れていった。また着衣が薄く、下半身の輪郭がはっきりしているのはローマの影響だとされる。

騎馬戦勝図 Reliefs ［★☆☆］
ローマ帝国に攻め込んだササン朝がエデッサの戦いで、ローマ皇帝ヴァレリアヌスを捕虜にし、シャープール1世の前でひざまずかせている『騎馬戦勝図』。馬蹄に伏しているゴルディアヌス、馬前に跪くのはフィリップス、騎馬の皇帝に手を握られているヴァレリアヌスの3人のローマ皇帝が描かれている。ペルシャの勝利は、アレクサンダー以前の時代から

▲左　古代ペルシャの国教、ゾロアスター教の遺構。　▲右　ナグシェ・ロスタムへと続く道、荒涼とした景色が広がる

続くヨーロッパとアジアの抗争のなかで、アジア世界の勝利とも読み解くことができる。ローマに勝利したシャープール1世はイラン神話の英雄ロスタムにたとえられ、この時代に彫られた浮彫から『ナグシェ・ロスタム（ロスタムの絵）』の名前がつけられた。

ASIA
イラン

ナグシェ・バハラム Naghsh-e Bahram [★☆☆]

ナグシェ・ロスタム同様にササン朝時代の浮彫が見られるナグシェ・バハラム（バハラムはササン朝の王の名前）。4人の高官に囲まれた王が正面に向かって坐るという正面描写の技法は、ササン朝に先立つパルティア芸術でもちいられたもので、その名残だと言われる。王冠には鷲の翼が見られるが、28人におよぶササン朝の王たちはそれぞれ異なる王冠をかぶっていたという。

ナグシェ・ラジャブ Naghsh-e Rajab ［★☆☆］

ペルセポリス北に位置するナグシェ・ラジャブ。『アルデシール1世の戴冠』『シャープール1世の戴冠』といったササン朝時代の浮彫が4点残っている。ナグシェ・ロスタム、ナグシェ・バハラムなどでも見られるように、ササン朝時代には摩崖浮彫が刻まれたが、それらはターゲ・ボスタンなどの例外をのぞいて、ほとんどがファールス地方に集中している。ナグシェ・ラジャブの浮彫は、イスラム時代になってから、偶像破壊の対象となったこと、岩壁が粗悪だったことから風化が進んでいる。

参考文献

『古代イランの美術』（ロマン・ギルシュマン / 新潮社）

『世界の歴史 4 オリエント世界の発展』(小川英雄 / 中央公論社)

『ペルシア建築』(A・U・ホープ / 鹿島出版会)

『ペルシア美術史』(深井晋司・田辺勝美 / 新潮社)

『栄光の大ペルシア帝国』(林良一 / 新潮社)

『大阪大学イラン祭祀信仰プロジェクト』(web)

『世界大百科事典』(平凡社)

まちごとパブリッシングの旅行ガイド

Machigoto INDIA , Machigoto ASIA , Machigoto CHINA

【北インド - まちごとインド】

001 はじめての北インド
002 はじめてのデリー
003 オールド・デリー
004 ニュー・デリー
005 南デリー
012 アーグラ
013 ファテープル・シークリー
014 バラナシ
015 サールナート
022 カージュラホ
032 アムリトサル

【西インド - まちごとインド】

001 はじめてのラジャスタン
002 ジャイプル
003 ジョードプル
004 ジャイサルメール
005 ウダイプル
006 アジメール（プシュカル）
007 ビカネール
008 シェカワティ
011 はじめてのマハラシュトラ
012 ムンバイ
013 プネー
014 アウランガバード
015 エローラ
016 アジャンタ
021 はじめてのグジャラート
022 アーメダバード
023 ヴァドダラー（チャンパネール）
024 ブジ（カッチ地方）

【東インド - まちごとインド】

002 コルカタ
012 ブッダガヤ

【南インド - まちごとインド】

001 はじめてのタミルナードゥ
002 チェンナイ
003 カーンチプラム
004 マハーバリプラム
005 タンジャヴール
006 クンバコナムとカーヴェリー・デルタ
007 ティルチラパッリ
008 マドゥライ
009 ラーメシュワラム
010 カニャークマリ
021 はじめてのケーララ
022 ティルヴァナンタプラム
023 バックウォーター（コッラム～アラップーザ）
024 コーチ（コーチン）
025 トリシュール

【ネパール - まちごとアジア】

001 はじめてのカトマンズ
002 カトマンズ
003 スワヤンブナート

004 パタン
005 バクタプル
006 ポカラ
007 ルンビニ
008 チトワン国立公園

【バングラデシュ - まちごとアジア】

001 はじめてのバングラデシュ
002 ダッカ
003 バゲルハット（クルナ）
004 シュンドルボン
005 プティア
006 モハスタン（ボグラ）
007 パハルプール

【パキスタン - まちごとアジア】

002 フンザ
003 ギルギット（KKH）
004 ラホール
005 ハラッパ
006 ムルタン

【イラン - まちごとアジア】

001 はじめてのイラン
002 テヘラン
003 イスファハン
004 シーラーズ
005 ペルセポリス
006 パサルガダエ（ナグシェ・ロスタム）
007 ヤズド
008 チョガ・ザンビル（アフヴァーズ）
009 タブリーズ

010 アルダビール

【北京 - まちごとチャイナ】

001 はじめての北京
002 故宮（天安門広場）
003 胡同と旧皇城
004 天壇と旧崇文区
005 瑠璃廠と旧宣武区
006 王府井と市街東部
007 北京動物園と市街西部
008 頤和園と西山
009 盧溝橋と周口店
010 万里の長城と明十三陵

【天津 - まちごとチャイナ】

001 はじめての天津
002 天津市街
003 浜海新区と市街南部
004 薊県と清東陵

【上海 - まちごとチャイナ】

001 はじめての上海
002 浦東新区
003 外灘と南京東路
004 淮海路と市街西部
005 虹口と市街北部
006 上海郊外（龍華・七宝・松江・嘉定）
007 水郷地帯（朱家角・周荘・同里・甪直）

【河北省 - まちごとチャイナ】

001 はじめての河北省
002 石家荘
003 秦皇島
004 承徳
005 張家口
006 保定
007 邯鄲

【江蘇省 - まちごとチャイナ】

001 はじめての江蘇省
002 はじめての蘇州
003 蘇州旧城
004 蘇州郊外と開発区
005 無錫
006 揚州
007 鎮江
008 はじめての南京
009 南京旧城
010 南京紫金山と下関
011 雨花台と南京郊外・開発区
012 徐州

【浙江省 - まちごとチャイナ】

001 はじめての浙江省
002 はじめての杭州
003 西湖と山林杭州
004 杭州旧城と開発区
005 紹興
006 はじめての寧波
007 寧波旧城
008 寧波郊外と開発区
009 普陀山
010 天台山
011 温州

【福建省 - まちごとチャイナ】

001 はじめての福建省
002 はじめての福州
003 福州旧城
004 福州郊外と開発区
005 武夷山
006 泉州
007 厦門
008 客家土楼

【広東省 - まちごとチャイナ】

001 はじめての広東省
002 はじめての広州
003 広州古城
004 天河と広州郊外
005 深圳（深セン）
006 東莞
007 開平（江門）
008 韶関
009 はじめての潮汕
010 潮州
011 汕頭

【遼寧省 - まちごとチャイナ】

001 はじめての遼寧省
002 はじめての大連
003 大連市街
004 旅順
005 金州新区

006 はじめての瀋陽
007 瀋陽故宮と旧市街
008 瀋陽駅と市街地
009 北陵と瀋陽郊外
010 撫順

【重慶 - まちごとチャイナ】

001 はじめての重慶
002 重慶市街
003 三峡下り（重慶〜宜昌）
004 大足

【香港 - まちごとチャイナ】

001 はじめての香港
002 中環と香港島北岸
003 上環と香港島南岸
004 尖沙咀と九龍市街
005 九龍城と九龍郊外
006 新界
007 ランタオ島と島嶼部

【マカオ - まちごとチャイナ】

001 はじめてのマカオ
002 セナド広場とマカオ中心部
003 媽閣廟とマカオ半島南部
004 東望洋山とマカオ半島北部
005 新口岸とタイパ・コロアン

【Juo-Mujin（電子書籍のみ）】

Juo-Mujin 香港縦横無尽
Juo-Mujin 北京縦横無尽
Juo-Mujin 上海縦横無尽

【自力旅游中国 Tabisuru CHINA】

001 バスに揺られて「自力で長城」
002 バスに揺られて「自力で石家荘」
003 バスに揺られて「自力で承徳」
004 船に揺られて「自力で普陀山」
005 バスに揺られて「自力で天台山」
006 バスに揺られて「自力で秦皇島」
007 バスに揺られて「自力で張家口」
008 バスに揺られて「自力で邯鄲」
009 バスに揺られて「自力で保定」
010 バスに揺られて「自力で清東陵」
011 バスに揺られて「自力で潮州」
012 バスに揺られて「自力で汕頭」
013 バスに揺られて「自力で温州」

【車輪はつばさ】
南インドのアイラヴァテシュワラ寺院には建築本体に車輪がついていて寺院に乗った神さまが人びとの想いを運ぶと言います。

・本書はオンデマンド印刷で作成されています。
・本書の内容に関するご意見、お問い合わせは、発行元の
　まちごとパブリッシング info@machigotopub.com までお願いします。

まちごとアジア
イラン006パサルガダエ（ナグシェ・ロスタム）
～「切妻」とペルシャ幕開け譚［モノクロノートブック版］

2017年11月14日　発行

著　者	「アジア城市（まち）案内」制作委員会
発行者	赤松　耕次
発行所	まちごとパブリッシング株式会社 〒181-0013　東京都三鷹市下連雀4-4-36 URL http://www.machigotopub.com/
発売元	株式会社デジタルパブリッシングサービス 〒162-0812　東京都新宿区西五軒町11-13 清水ビル3F
印刷・製本	株式会社デジタルパブリッシングサービス URL http://www.d-pub.co.jp/

MP052

ISBN978-4-86143-186-9 C0326　　　Printed in Japan
本書の無断複製複写（コピー）は、著作権法上での例外を除き、禁じられています。